초원의 별

박우담 제5시집

도서출판 실천

초원의 별

도서출판 실천
시와편견 기획시리즈 10

초판 1쇄 인쇄 | 2024년 5월 31일
초판 1쇄 발행 | 2024년 6월 5일

지　은　이 | 박우담
펴　낸　이 | 이어산
엮　은　이 | 이어산
기 획 · 제 작 | 계간 시와편견
발　행　처 | 도서출판 실천
등 록 번 호 | 서울 종로 바00196호　　등 록 일 자 | 2018년 7월 13일
　　　　　 | 진주제2021-000009호　　　　　　　　　 | 2021년 3월 19일
서울사무실 | 서울특별시 종로구 율곡로 6길 36
　　　　　　 02)766-4580, 010-6687-4580
본사사무실 | 경남 진주시 동부로 169번길 12. 윙스타워지식산업센터 A동 705호
　　　　　　 055)763-2245, 010-3945-2245   팩스 055)762-0124
편 집 · 인 쇄 | 도서출판 실천

ISBN 979-11-92374-50-5
값 12,000원

* 이 책은 전부 또는 일부 내용을 재사용하려면 저작권자와 '도서출판 실천'의
  동의를 받아야 합니다.
* 이 책의 국립중앙도서관 출판예정도서목록(CIP)은 서지정보유통지원시스템(http://seoji.nl.go.kr)과 국가자료종합목록시스템(http://www.nl.go.kr/kolisnet)에서 이용하실 수 있습니다.
* 잘못된 책은 교환해드립니다

경남문화예술진흥원
GYEONGNAM CULTURE AND ARTS FOUNDATION

　　본 도서는 경남문화예술진흥원의 문화예술지원금을 보조받아 발간했습니다.

초원의 별

박우담 시집

■ 시인의 말

시간의 개울에서 수줍음이 많고 어리숙한 아이를 만났다. 이미지와 이미지로 징검다리를 건너곤 했다. 아이의 속삭임을 귀담아들었다. 이따금 연보 없는 빗방울이 쏟아졌다. 아이는 후다닥 달아났고, 우산처럼 꽃잎이 모여들었다. 나는 후줄근한 아이를 생각하며 낯선 별을 헤매고 있다.

_ 박우담

■ 차례

1부

초원의 별	12
네안데르탈 19	14
은하수 별사탕	16
입곡 유원지	18
가면극	19
낙태	20
식물성 히스테리	21
층층나무	23
사슴벌레	24
방관자	26
석류	27
네안데르탈 20	28
파스텔톤의 고양이	30
일인극	31
고양이가 신발장에 앉아 있는 풍경	33

2부

시월	38
초신성	39
네안데르탈 21	41
낭만 여인숙	43
자벌레의 변신	45
얼음조각	46
흰장미	47
이타카	48
유등	50
철학자 반쏘	51
강아지풀	53
구름 교실	55
야간자율학습	58
꽃 피는 시월	59
불수제비	61
계단	62

3부

수국	66
시간의 포구	67
네안데르탈 22	69
너른마당에서 차를 마시다	72
고시촌	74
아지랑이	75
지리산 산죽	76
마중물	78
입맞춤	80
렌즈	81
게스트 하우스	83
유등	84
추억의 미술시간	85
비닐봉지	87
다리	88
동백꽃	89

4부

봄	92
네안데르탈 23	94
계단의 등짝	96
등대	97
영산홍	98
귀뚜라미	100
모조 꽃	101
지리산	102
시간의 토굴	103
이현동	104
전생	105
통신원	106
죽방멸치	107
운동화	108
공원	110
진주 남강 50번지	111
시집해설_구모룡	114

1부

초원의 별

나는 초원에 누워
아이들과 피리를 부네.

구름은 별사탕처럼
돌돌 말리고

아이들의 입술이
웅덩이에 비치네.

별사탕이 입술에
살짝 묻어 있는 밤

나는 풀밭에 누워
시링크스를 생각하네.

별똥별이
떨어지자

한 아이가 낙타를 타고
은하수를 건너가네.

내 가슴엔 아이의 울음이
은하수처럼 총총히 박혀 있네.

나는 피리를 불며
길 떠난 아이의 이름을 부르네.

초원엔 반인반양의 아이가
태어나고 죽어가고

판의 아버지도
태어나고 죽어가네.

낙타를 탄 아이가
날 보고 손짓하며 사라지네.

네안데르탈 19

자작나무 숲을 걷고 있네
아직 썰매 자국이 남아 있는 눈길
누가 빚었을까
무지갯빛으로 물든 내 마음
기도 소리 울려 퍼지고
질문이 질문을 낳는 길
나 홀로 색색의 천을 쌓고 있네
내 눈썹을 만지듯
함박눈 날리네
어디로 갈 것인가
길이 내게 질문을 하네
앞서간 발자국은
내 속눈썹에 매달려 있네
꿈이 길을 만들고 눈썰매는
새벽을 당기네
누구도 자신의 꿈에
마음대로 들어가지 못하지
개 짖는 소리에

색색의 천이 나부끼네
속눈썹 사이로 풀어지는 꿈
게르에 장작불이 타오르네
길은 늘
내 날개뼈 사이에 있네
가까우면서 멀기만 한 길

은하수 별사탕

시간의 웅덩이에 빠진 축구공을
나는 바라보네
꿈속에서 빨아먹다 흘린
별사탕과 함께
아이들의 얼굴은
별처럼 일그러졌네
풀벌레가 축구공을 갉아 먹자
아이들은 그냥
꿈길에 털썩 주저앉네
늦은 밤 창틀 앞에 선 신발처럼
흙탕물이 핥고 간 축구공을
꼭 껴안고 있네
나는 웅덩이를 서성대는
아이들을 바라보며 벽지에 박힌
은하수를 생각하네
반지하 창을 넘나들다
어디로 흘러가는지 어둠 속
헤어졌다 뭉치는 신발들

아이의 덧댄 잠을 깨운

어제 바스락거리던 별은

보이질 않고 한 아이가

갈색 풀벌레 울음과

물에 비친 창을 기웃거리고

있네 밤 가장자리처럼

축축한 발걸음이 반음 낮게 들리는

골방

아이들은 지상으로 솟아오르는

꿈을 발등으로 포개고 있지

웅덩이를 바라보던 아이

밤하늘의 별로 솟구쳐 오르네

축구공과 함께

입곡 유원지

표지판에 새가 부리를 툭, 갖다 댄다. 새 울음 무슨 뜻인지 알 길 없다. 저수지가 풀어놓은 물감에 내 얼굴 잠긴다. 물결이 빨아당긴 줄기와 잎을 추상화로 그려내는 저수지. 얼굴에 지는 어두운 그림자 누구도 따라 할 수 없는 화풍이지. 내 표정이 점점 자라나네. 안개에 덮인 봉분이 실루엣으로 보이는 저기 돌이 놓인 곳. 가야伽倻의 껍데기를 깨는 토기가 수면에 아른거린다. 이파리가 물길을 만들고 가야, 가는 길에 나는 서 있지. 또 다른 왕조와 함께 집으로 돌아가는 길

가면극

성벽 너머로 불빛이 구름 속을 헤집고 있다. 검은 비가 내린다. 목적 없이 미로를 걷던 철부지처럼 지붕이 비바람에 찢기고 종탑이 날아갔다. 염소와 양과 가재도구를 강물이 삼켜버렸다. 쓸려 내려간 역사는 우두 자국처럼 언제나 고통을 남긴다. 평생 겪어보지 못한 연극이었다. 참담하게 휩쓸러 간 마차와 뽑힌 서까래가 세트장처럼 남아있다. 마을엔 역병이 돌고 슬픔이 쏟아졌다. 종소리를 기다리다 이탈한 미아처럼 나는 불구의 마음에 주저앉고 말았다. 숨은 표정들이 빗물처럼 갇혀 있었다. 누구도 탓하지 못하고 너는 성벽에 묻히는 몸짓으로 연기를 했다. 빛을 훔쳐 간 검은 빗방울만 떨어진다. 아무 죄도 없이 운명에 따라 길을 잃고 너와 나는 쓰려졌다. 어디선가 종소리 들려온다. 누군가의 눈빛이 우릴 일으켜 세웠다. 사람들은 가면을 벗어 던져버리고 마을을 떠났다. 나쁜 기억을 남긴 채

낙태

푸른 사탕이
가슴을 세게 때리네.

비가 오면
가끔 첫사랑을 복기하지요.

묵은 꿈이
녹아 흘러요.

식물성 히스테리

1
상처로 돋아나는 봄 팔다리 쑤시는 봄은 늘 그대로 자리 잡고 있다 허언증을 앓고 있다
회랑에 벽화로 피어오르는 꽃
꽃가루 날린다 웃자란 그림자를, 목을 자르고 팔을 잘랐다 싹둑싹둑 잘랐다 따끔따끔하다 신을 신고 뛰어볼까

2
등 뒤에 긴 그림자 매달고 있는 너, 바람에 물비린내가 난다 눈 깜짝할 새 그림자 지나간다 축 처진 너를 묶었다 나비의 날개가 보인다 네가 보이고 내가 보인다

봄이 오면 가장 먼저 꽃구경 가자던 검버섯 꽃망울,
날이 자오르듯 새살이 돋을까 햇살이 따끔따끔하다
재채기 소리에 꽃가루 날린다 네 뺨에 할퀴는 느낌

3
회랑 깊숙이 피어오르는, 우울함이 몰려드는 봄은 그림자를 자르고 있다 꽃 웃음 지으며 기지개를 켠다 새 신을 신고 뛰어볼까 꽃망울 날아오른다

히스테리여!
불길한 봄이여!
창밖엔 나비가 곡선의 길을 나서고 있다

층층나무

능청스러운 매미, 고층 외벽에 붙어 울고 있네. 간밤에 잃어버린 별을 찾고 있네. 오르다 실의에 빠진 내 소묘 같네. 곧 떠날 것처럼 구애의 소리 애절하네. 별이 부스럭거리네. 중력을 붙들고 있는 내 귀엔 늘 풀벌레 소리 들리지. 나는 히스테리의 층계에 갇혀 있네.

사슴벌레

사슴벌레 한 마리
자기 먹이만 한
붉은 화두 하나 던지고
나무 속으로 몸을 숨긴다

나는 서걱이는 불립문자를
알아듣지 못하고
멍하게 나무 틈새만 보고 있다

알을 슬고 나무를 갉아 만든
이끼와 낙엽
안개가 숲을 삼켰으므로
나무도 창을 닫았다

사슴벌레도 나도 함께
안개 속으로 사라졌다 얼굴을
빼꼼 내미는 숲
사슴벌레가 안개를 부르는 걸까

창을 빠져나온 내 배가
만삭이다
일렁거리는 꽃잎을
가슴에 담으려 해도
얕은 사색으론 힘든 일이어서
배만 불렀다

임신중독증에 걸린 나는
까칠한 입술로
노을 한 모금 베어 마신다

방관자

꽃잎은 어디로 가는 걸까.
삐뚤삐뚤한 골목처럼
숨찬 행간 속으로 아이들
사라진다. 밤낮이 바뀌어도
안팎이 뒤집어져도
얼굴이 없는 너는 방관자.
꽃잎 또 떨어진다.

석류

함성에 석류알 터졌다
남강에 걸쳐놓은 하얀 빨래
파편에 불그스레하다
죽창 들고 뛰쳐나간 사내의 꿈이
강을 스치고 간 수많은 장딴지가
별빛으로 물들었다
계사년 석류알
강 건너 대숲으로
성 밖으로 날아간 산비둘기처럼
꿈길을 헤매고 있다
발뒤꿈치를 들고
별을 좇아간 사내 신화가 되었지
밤하늘의 모래로 박혀 있는 석류알
이젠 함성과 죽창은 사라졌지만
석류는
별이 되어 강물에 떠 있다

네안데르탈 20

기괴한 소음에 나는 결박되었다.

소음은 환상으로 번지는 걸까.
소리는 그림을 낳고 그림은 꿈을 낳는다.

소음의 끝에는 꿈이 매달려 있다. 애인은 장작불에 양의 머리를 굽고 있다. 꼬챙이에 꽂힌 양고기가 익어가는 동안 금속성에 놀란 내 귀가 심장에 달라붙는다. 옆모습을 닮은 귓바퀴가 검은 제단에 놓여 있다. 몸뻬 입은 애인이 북소리에 맞춰 나를 빙빙 돈다. 잿빛 묻은 꿈길에 진혼곡이 흐른다.

서로 볼 수 없는 몸뻬의 앞과 뒤처럼
반쪽으로 잘려 있던 양의 머리는 보이지 않는다. 쇠꼬챙이도 없고 애인도 없다. 초점 잃고 헛돌던 꿈이 밟힌다.

꿈의 입구엔 또렷하게 적힌 지방처럼 단조의 검은 비

가 내린다.

꿈이 나를 뱉었는지
내가 다른 생으로 건너갔는지
애인의 흔적을 찾을 수 없다.

나는
무덤 속 수의처럼 결박된 나를 보았다.

파스텔톤의 고양이

문장 속으로 동공이 빨려든다.

검은 안개 속에 누군가 보인다. 나의 내면을 붙드는 시선, 커튼 뒤로 숨었다. 꿈틀대는 그림자.

초록 넝쿨손이 시스루를 더듬는다. 잎과 잎 사이 그림자 꿈틀댄다. 발가락 사이로 빠져나오는 안개. 마른 기침 소리에 알몸을 드러내는 담장. 아직 가슴을 넘지 못한 그림자 움찔한다.

시커멓게 번진 활자. 너무나도 추상적인

행간에 박힌 초록이 꿈틀거린다. 촉촉이 젖은 시선이 어지럽다. 반전을 기다리고 있는 서술어. 관능이라는 잎을 끌고 다닌다. 잎은 늘 눈동자를 따라다닌다. 딸꾹질 소리에 제멋대로 넘어가는 책장. 그림자 꿈틀댄다. 이제 막 눈망울은 가랑이 속에 파묻힌다. 너무나도 추상적인

잠시 초록이 흘러내린다. 나를 붙드는 검은 문장이 녹아내린다.

일인극

꿈속에 아이의
눈망울과 쏟아지는 별빛과
헐거운 자루가 보인다.
길바닥에 떨어진 눈물과
시커먼 빗방울이
섞이는 순간,
매질 당한 아이
가까스로 내게 말을
걸어온다. 복화술처럼
꿈은 자루와 함께
어디로 흩어지고,
반쯤 닫힌 아이의 입안으로
이교도의 구슬픈 소리만
악몽으로 남아 있다.
삶과 죽음을 파고드는
아이의 눈빛
알 수 없는 발음과
슬픈 핏줄과 폭력이

쏟아내는 원두
첫 별이 빛나고
검은 구름과 함께
아이 하나 사라졌다.
우린 순교자의
혈통인가 봐.
검은 피가 흐르는
울음은 나의 전생

고양이가 신발장에 앉아 있는 풍경

고양이가 낡은 신발장에 앉아 있다. 운명이다. 시커멓게 지나간 그림자. 고양이 걸음으로 다가오는 그림자. 고단한 신발들이 꿈속으로 빠져든다. 운명이다. 코 고는 소리 들리고 고양이 울음소리 들리고 삐거덕 방문 소리 들린다. 술병을 집어 든 사내가 소리친다. 운명이다. 은빛 머리칼을 휘날리며 소리친다.

행인들의 발자국 따라
파도는 운명이 되고 노래가 되는 걸까.
여인숙 낡은 문짝은 누구의 표정일까.
누구의 주름일까.
떠돌이 철학자일까.
오늘따라 사유의 운동화도 보이고,
비린내 품고 있는 슬리퍼와
고무신이 자릴 잡고 있다.
운명이다.
겨우 형체만 갖춘 주름진 신발도 보인다.
운명이다.

신발장엔 상형문자로 적혀 있는 내력이 있다. 사유가 있고 은유가 있다. 사내가 소리친다. 운명이다. 고양이가 신발장에 앉아 있다. 운명이다.

2부

시월

너는 오목거울 속에 문장 없는 무의식을 연거푸 비운다. 프라이팬에 담긴 은행알 바닥으로 쏟아진다. 길이 흥건하다. 어린애의 철없는 눈빛 거울 속에 보인다.

초신성

먼 시간이 보이네
짐승의 껍질을 벗기고 아이의
알몸에 피를 처바르는
샘 많은
신이 있네
널따란 하늘에
모래알처럼 별이 박혀 있네
나는 나의 길을
너는 너의 길을 찾고 있네
양을 치 보지 못했지만
나는 게걸스럽게 살점을 씹어
토하고만 기억이 있지
천막 사이로 보이는
별이
졸리는 아이의
눈빛으로 흐릿해지자
양 떼가 짓밟고 다닌 분화구에
자식들은 하나둘

아버지를 죽이네

방울 매단 양보다 더 갑갑하게

샛별보다 더 고독하게

신도 아버지도 모두 죽여야

나의 길을 찾을 수 있지

네안데르탈 21

누가 별사탕을 노루궁뎅이에
발랐을까
나는 문장 중 쉼표 찍듯
무의식적으로 나무 밑에 섰다
혼미한 눈동자가
무슨 기호를 적고 있다
신음하며 떨어지는 이파리
정신 차리고 숲을 바라본다
노루 한 마리
궁뎅이에 붙어 있던
사탕가루 날리듯
단풍이 먹이 찾아
천천히 내려오고 있다
피붙이를 위해
노루의 머릿속에는 온갖 먹이만
쌓이고 있었다
길바닥에 숨은 새끼의 울림을
콧등으로 느끼며 아래로 걷고 있다

별사탕을 누가 뿌렸을까
나는 시간의 행간 속에
사탕가루를 보며
앓고 있는 별을 생각한다

낭만 여인숙

마루는, 사랑이 되고 운명이 되고 화석이 되는 걸까.
고양이 울음소리 들리자, 어디서 별똥별이 떨어진다.
무슨 사연을 안고 여기까지 왔을까.

마룻바닥에 축축하게 덧댄 상처와 기호의 얼굴,
누구일까.
간밤에 그림자를 비집고 들어온 여인일까.
별빛에 취한 사내일까.

발자국과 그림자가 은유로 녹아 있는.
어느새, 내 몸속에 들어와 울어대는 고양이.

둘이 되었다가 하나가 되었다가. 하나가 되었다가 둘이 되는, 방랑. 나는 내가 언제, 어디서 왔는지 모른다. 운명이 바닥을 만들고 바닥이 슬픔을 만드는 마루.

네가 내가 되고, 내가 네가 되는.

미래를 앞질러 달려가는.

너는 누구인가.

자벌레의 변신

자벌레는 토막 난 끈처럼 끝과 끝을 연결하는 형광펜이다

자벌레는 가보지 못한 길을 간다 그 끝엔 무엇이 있을까 샛별이 있을까 아니면 유성우의 극적인 변신이 있을까

어둠이 어둠을 묶고
꿈이 꿈을 묶는다

나방 한 마리 날아오른다

얼음 조각

금이 갔다. 액정 속에 내가 보인다. 수없이 저장된 기억들, 물방울과 함께 멀어져 간다. 꼭꼭 숨겨둔 사랑, 꿈을 공유한 비밀스러운 만남이었다. 그의 모든 것이 나의 것. 나의 모든 것이 그의 것. 그가 나였고 내가 그였다. 매혹적인 실루엣이 분신처럼 나를 따라다녔다. 비밀은 허리에서 심장 사이에 있다. 열정도 상처도 희열도 꿈과 함께 녹는다. 내 얼굴이 일그러진다. 이별은 일그러진 눈초리에 매달려 있다. 내가 겹치고 그가 겹치고 리셋되는 얼음 조각들. 새로운 비밀을 기다리는 수막. 금이 후다닥 달아난다. 꿈속의 꿈이 지워진다. 미래보다 먼저 간 얼굴. 액정에 파묻힌 또 다른 내 얼굴.

흰장미

빗방울이 봄을 오렸다.

팔다리가 잘리고 몸통만 남은 그림자. 트랙보다 더 노출된 그림자. 한 송이 사라지고 또 한 송이 사라지고 잔가지를 놓친, 목매달려 죽은 영혼들이 허공을 오른다. 기이한 생이 몇 번이나 가버린 줄 모른다.

가슴에 차 있던 멍이 먹구름을 만드는 걸까.

줄기를 떠난 영혼들, 우울한 가슴은 초록을 잃었다. 색 바랜 흰 눈자위가 건조되고 있다. 빛을 잃었다. 출발선을 잃었다. 검은 실루엣으로 섬뜩하다. 마디를 숨긴 트랙이 시들어졌다.

거세당한 봄은 치명적이다. 또 우울한 날씨다.

이타카

날짜변경선을 통과한다.

긴 여정을 떠난 오디세우스가 여울목에 다달았다 이빨처럼 적당히 닳은 돌이 물속에 가지런하다. '목'은 들어갈 땐 쉬워도 나올 땐 쉽지 않다. 길 떠난 것들은 어디를 가나 고생이다. 연어처럼 다시 회귀하는 것들.

아이들은 어항을 숨겨 놓는다.
시간의 수납공간이다.

깻묵과 된장 덩어리와 밥풀이 기다리고 있는 여울목
물에 젖은 아이들의 장딴지가 부풀어오른다.

날짜변경선을 통과한다.

여울엔 오디세우스의 삶과 죽음과
허방과 역류가 시간의 강물처럼 흐른다

회귀하는 물고기들 푸드덕 물이 차오른다. 허방을 놓고 기다리는 사이렌의 유혹
휘몰아치는 물결을 거슬러 오르는 것들은 숨이 차다.
길목엔 도사리고 있는 '목'.
어항은 아이들의 몽상을 자아올린다.

뛰어넘고 뛰어넘어야 도달할 수 있는
고향 이타카

유등

목말 타고 있는 아이처럼

울타리 붙들고 있는 붉은 장미

철학자 반쏘*

반쏘는 천국 팔이를 한다 반쏘는 그의 입과 아랫도리 중간 지점에 천국이 있다고 말한다 천국행 열차를 타려고 행인들은 역세권으로 몰려들었다 비둘기가 먹이를 나눠 먹던 역 광장은 이제 천국행 열차를 기다리는 승객들로 가득 찼다 손에 깃발과 생수를 들고 모여든다 가판대엔 연애 잡지와 짝가 바비인형들이 가득 차 있다 하나 둘 상권이 형성되고 반쏘의 얼굴이 그려진 티셔츠를 입고 거리를 행진한다 반쏘는 역을 가득 메운 깃발을 향해 천국을 찬양한다 그리고 자기의 입과 아랫도리의 중간에 있다고 한다 열차는 올 기미도 보이질 않지만, 깃발을 흔들며 괴성을 질러댄다 관심이 없던 신발들도 차츰 그의 신발을 따랐다 언제부턴가 비둘기는 보이질 않고 문수 다른 신발들이 모여들었다 그들은 오늘도 천국행 열차를 기다리고 있다 신발이 닳도록 깃발을 흔들었다 역세권의 지상권 열차는 문수하게 움직인다 그러나 천국행 열차는 소문만 무성할 뿐 실체가 없다 반쏘의 천국행 열차는 연착을 모른다 꼭 도착한다고 큰 소릴 친다 반쏘의 나부랭이들은 실신할 정도로 천국을 찬양한다 천국에 가기 위해 집을 나온 자들이 많다 요즘 반쏘는 아예 자신만이 천국행의 승차권을 발급할 수 있다고 뻥을 쳤다 자기를 따르면 천국을 갈 수 있다고 외쳤다 진실은 침과 함께 날아가 버리고 허영과 거짓만 남았다 역세권에 소낙비가 며칠 계속 내렸다 비가 오는 와중에도 깃발을 흔들며 천국을 찬양했다 그러나 장맛비에 못 견딘 번쏘는 할 수 없이 우산을 구하려고 했다 그러나 허름한 옷차림의 가게 주인은 반쏘에게 우산 팔기를 거절했다 가게 입구에 천국행 열차를 기다리는 자들에겐 우산을 판매하지 않는다고 적혀 있다

*반쏘 : 목회자

강아지풀

그는 꼬리로 신화를 쓴다

누런 이빨을 감추며 물어뜯어야
강아지여서
지나가는 발걸음과 바짓가랑이를
물어뜯는다
그의 꼬리는 혀와 무릎 사이에 있다

알 것도 같고 모를 것도 같은
쏟아내는 기호들
꼬리의 각도에 따라 이미지가 달라지고
몸짓이 달라진다

그가 지나간 바닥이 얼마나 될까
뜨거운 꼬리에 화상 입은 자 얼마나 될까
내 아랫입술이 앞으로 튀어나온다
꿈틀꿈틀 꼬리가 그려내는
강아지의 퍼포먼스

노예들의 합창은 시작되고
의전 나팔은 울려 퍼진다
사라질 것인지 물어뜯을 것인지
그는 고민한다

바짓가랑이 바뀌고 밤낮이 뒤바뀐다
소문이 내 달팽이관 툭 건드린다

혀와 무릎 사이
몸짓의 언어

징후가 보인다
그의 신화가 지워질

구름 교실

구름 교실에 비 내리기 시작한다
원숭이 한 마리 테니스장에 갇혀 있다
또디 같은 원숭이들은 이런 걸까

왜 갇혀있지

안주 물고 문 닫히는 걸 몰랐을까
왜 그랬을까

시궁창 쥐도 고구마 한 조각은 필요한데
이 녀석은 새우깡 하나에 딱 갇혀버렸네
갇혀버렸어
쥐꼬리만 한 힘으로 추잡 떨다가
그저 안주 반 접시에
재주부리다가
갇혀버렸네

갇혀버렸어

불어 터진 면발처럼 빗방울은 굵어지고
자물통으로 잠겨진 문은 열릴 기미가 없네

와 갇혀버렸을까
왜 갇혀버렸을까

스스로 담장 넘을 힘도 없이
꼬리만 믿고 또디 짓하다가
또디 짓하다가

갇혀버렸네

교실에서 바라보는 수많은 눈동자들
질시와 함께 비는 줄기차게 내리고 있다
"내가 원숭이가?"
"내가 원숭이가?"

문 좀 열어라

교장은
양손으로 철망을 잡고 외쳐보지만

잠긴 문은 열리지 않는다

야간자율학습

별이 쏟아진다

비행의 별이 거리를 활보하고 있다 그림자도 아픔을 품고 있다 가시처럼 이빨을 드러내고 있는 거리, 벌떡거리고 있다 울고 있는 거리, 네가 울고 있다

상처 너머의 상처가 있을까 별이 신음하고 있다 너보다 별이 먼저 잠든 거리, 불안이 헝클어진 거리의 상처를 물고 있다 울지 마라 너는 별의 파편이다

슬픔을 꿰고 있는
매듭 없는 밤의 교실

창백한 별이 우박처럼 쏟아진다

꽃 피는 시월

오 부마여,
오 시월의 물결이여,

거리엔 검은 비 내리고 계절은 이따금 검은 피를 토했다
침묵과 억압으로 뒤덮인 시월

새벽부터 저녁까지 감시하는 독수리 발톱
검은 태양 아래 착란의 부리가 쪼아대던 시월
울음조차 없던 새떼가
거침없이 하늘로 솟아올랐다

군홧발 소리에도 함성이 물결치던 월영동
새떼가 쪼그린 꽃받침을 흔들자

광장에 꽃 피었나

스스로 시월의 꽃임을 깨달은 부마여,

교문을 박차고 자유를 꿈꾸는 젊은이여!

어시장엔 아구과 해물과 복국이 끓고 있었지

아구와 복국과 해물이
시바스 리갈과
함께

얼큰한 탕, 탕, 탕

내 목덜미에서 허리까지 전율을 느꼈던 초저녁

이제, 새는
억압의 문을 박차고 오로라처럼 날아갔다
오 시월의 물결이여,
오 부마여,
그 시절의 연안에
나를 있게 하라

물수제비

돌이 물을 깁고 있다 실밥처럼 흰 돌 하나 지나가고 물은 자국을 지운다 단속반의 호각 소리에 물러섰다가 다시 펼치는 좌판처럼, 산그림자 강을 오므렸다가 펼쳤다 한다 호각 소리에 한 사람 지나가고 또 한 사람 지나간다 추임새에 맞춰 물을 건너는 돌, 너와 나는 언젠가 깨어질 리듬이다.

계단

별빛 찍히는 골목
공사판과 골방을 오가는
그는 유목민이다

신발의 울림으로
초원을 누비고 밤이 되면
따스한 별빛을 찾아
골목으로 밀려온다

문수 다른 신발과
살갗을 파고드는 곰팡이가
기다리는 반지하

벽에 그려진 백합이 자라
벽지가 들뜨면
지하의 질퍽한 공간엔
별똥별이 떨어질 거다

그는 풀을 찾아
떠날 준비를 한다
꿈을 지피며
그는 우주선을 타고
골목을 나선다

3부

수국

서로 몸을 부비며 꽃잎 펼치고 있어요
저 주술의 힘, 보라

시간의 포구

누가 돌을 던졌을까
블랙홀처럼 빛을 빨아당기는 구멍

점점 빨려드는 빛과 혹한의 동굴을 생각하며 나는 유성우를 기다린다 갯벌에 빠진 슬리퍼 하나, 네안데르탈인의 두려움과 추위까지 구멍에 쑤셔 넣는다

광적인 갈증이
성녀와 창녀를 그려내는 빛과 어둠

인간의 굴욕이었을까
뼈와 벽화와 그림자
비바람은 불어오고 언 돌바닥에 내가 아닌 내가 웅크리고 있다

짐승 같은 동굴엔 검은 피가 묻어 있다 파도가 갈라지고 그 사이 길이 왜 생기는지 성녀와 창녀를 바라본다 관능이 별똥별로 내려앉는 포구

화석 인류의 시편들이 떨어지는 갯벌에
검은 비 내린다

텅 빈 동굴 속
나는 지금 시를 쓰고 있다

네안데르탈 22

지금 커피포트 속에서 끓고 있는 것은
단순한 물이 아니다
간밤에 스쳐 간 그녀의 목소리가
치환된 증기
굉음을 지르고 달아나는 그녀는
화성인으로 추정될 뿐
출처 불명의 폭주족이다
나는 이미 단종된 심장을 달고 있다
고층 난간에서처럼
굉음과 관음에 놀라 경기한다 아찔하다
아직 간밤의 진한 향수가 배어 있는
커튼과 침실과 타월
커피포트는 충전 중
망사속옷과 불륜과 소시오패스가
그녀의 핵심 이미지
화성과 가장 가까워질 때를,
나는 그녀를 기다리며
노래를 듣고 있다

예약이 폭주하여 다운된 제국 남강
소행성이 충돌하기 전 종족의
흔적이 남아 있다 성곽과 회랑에 새긴
삼각함수와 어설픈 시구가
메타포로 남아 있다
제조사마다 다른 루틴
해가 서쪽에서 뜨기도 하고
동쪽에서 뜨기도 한다
장착된 칩에 따라 경고등이
울리고 남강은 하울링이 심하다
살짝 두근거리는 심장
멸외별 상상을 한다는 긴
얼마나 쓸쓸한 일인가
우주에 존재한다는 건
궤도 다른 별들이
서로 가까워졌다가 멀어졌다가
다시 다가서는 일
나는 아직도

시간의 행간 속에 숨어 있는 그녀를
찾아 헤매고 있다

너른마당에서 차를 마시다

우리는 마당에 둘러앉아
찻잔에 담긴 별의별 이야기
듣고 있네 계절 숙제를 꺼내놓고
한 아이가 부리처럼 입을 삐쭉거리네
직박구리 해마다 찾아오는
너른마당은 지붕 없는 교실
아이들이 시끌벅적 뛰어다니네
"이거리 저거리 각거리"
아이 하나 들어오고
또 다른 아이 하나 들어오네
이슬과 안개가 만들어놓은 옹달샘
물소리에 소년가장의 길을 우려내고 있는
아이
별빛을 쪼면서 허기를 채우네
회남재 너른마당에 찻물 끓으면
어디선가 선생의
방울 소리 들리는 듯하네
샘터 서성이던 내가 할 수 있는 건

옹알이뿐 나는 나를 찾아
길을 헤매고 있지
"이거리 저거리 각거리"
아이 하나 사라지고
또 다른 아이 하나 사라지네
너른마당에
책장 넘기는 소리 들리자
한 아이의 눈시울이
불그스레하네 축축한 샛별이
예고 없이 야생의 길을 나서네

고시촌

숨 쉬는 이들이 찾아드는 우포늪
갈대 숲속은 새들의 발자국이 늪을 안내한다.
어둠과 함께 찾아오는 별빛처럼
자릴 차지한 흑조들의 행군 시작된다.

끝이 있기에 진지하고 활기찬 날갯짓이 있다.

소독 냄새와 여독에 빠진 날개는 힘없이 꺾인다.
단번에 오지 않는 새벽
끼니마다 찾아오는 박탈감

아직 목적지가 보이질 않는데 지쳐가는 흑조
무리에서 흩어진 발자국
하나의 의식과 같은 슬픔을 불러일으키는
물기 없는 밥솥

가야 할 시간이 다가오지만
점점 죽음 속으로 걸어 들어갈 흑조
날개 꺾인 채 별을 쪼고 있다.

아지랑이

잔잔한 물결 몇 번 지나가면
뒤가 허전해진다.

물결이 계속 발뒤꿈치 모래를 밀어낸다. 물이 허방을 만들어 나를 뒤로 밀어낸다. 내가 자꾸 뒤로 기우뚱거린다. 그럴 때마다 한 발씩 옮겨 중심을 잡는다.

아, 뒤로 밀려나면서 좀 알 것 같다.
눈을 지그시 감았다.

예전에 신발장에 놓인 까칠한 구두를 볼 때마다 뒷굽이 바깥쪽으로 약간씩 닳은 아버지의 구두를 난 그땐 별 생각 없이 지나쳤지만

눈을 뜨자 때린다.
텅 빈 가슴을 복기힌다. 비가 오년 가끔

지리산 산죽

빗방울이 모오스 부호로
내 머릴 때린다.

장광설을 토하던 계곡물
경계를 넘어선다.

물은 인월에서 마천으로 흐르고
임산물은 마천에서 인월장으로
모여든다.
산수유 그늘에 잠긴 완행버스 속

무청 빼꼼 머릴 치켜드는 게
산죽 사이 산사람 같다.
별빛도 달빛도 구름도
무의식의 기호를 남긴 채
서사를 끌고 간다.

침묵의 눈빛에 그을린 산수유

비표로 내게 다가온다.

점심은 인월에서 후식은 마천에서
이곳 신발들 서로 경계를 넘나든다.
비 내리자
빨간 산수유 우두둑 떨어진다

강물도 허공도 깨달음도
모두 물세가 된다.
경계를 넘지 않으면

마중물

격하게 흘러가는 시월의 광장
마중물을 부어라
공개적이지 않은 목소리들
꼬챙이를 치켜들고
불을 붙여라
아직 들어보지 못한 잔을 채워라
피에 굶주린 사냥개
부패한 정권에 몽둥이를 들어라
부마는 민주라는 질문을 던졌다
마중물을 부어라
구호는 사투리의 어조로
부산에서 마산으로 이어져
유신의 심장으로 향했다
수천 울분에 젖은 머리띠로
꼬챙이에 꽂힌 아귀를 치켜들고
불을 붙여라
독재자의 머리통을 향해
나는 보았다

성난 군중의 눈빛으로
마중물을 붓던 시민을
시월 어느 저녁, 천 개의 질문이
기다리고 있던 무대
막은 내리고 있었다
마중물이 된 부마여, 잔을 들어라
축배를 들어라
지금,
시월의 함성
사투리와 함께 들려오는 듯하다

입맞춤

시간은 회랑을 타고 달아났다
간짓대에 걸린 아이의 연처럼
기다란 꼬리를 남기고

렌즈

거꾸로 매달려 있는 장미
맨정신으로 붙들 수 없는 벽화

네가 말라가는 건
네가 계절에서 멀어지는 것
몸통은 어디 가고
벽화엔 가시만 남아있다

어제 꾸다가 남은 꿈처럼
어둠에 더욱 진해지는 향처럼
가시에 찔린 구멍처럼

나는 울타리를 거꾸로 돈다
숨이 차다

안개 속의 몽롱한 눈동자
푸른 악마가 번쩍이는 그림
누가 그렸을까

수천의 별이 돈다
나는 그 반대로 돈다
침묵이라는 눈동자,
악마의 발걸음 소리 들리고
안개 사이로 눈빛이 보인다

남의 뒤태는 위험하다
거꾸로 울타리를 돈다
작은 무게 없는
꽃잎 보면서 돈다
발산하는 향에
악마가 깃든다 숨이 자나

모든 시간,
모든 렌즈가 멈춘 뒤태여
정적 속에 깨어난 덩굴장미여

침묵의 넝쿨을 펼쳐라

게스트 하우스

열여덟의 흔적이다 머리카락처럼 올올이 풀어지는 노을이다 검은 그는 슬프다 바람에 모래가 흩날린다 와인이 출렁이는 입술과 허기를 느끼는 눈빛과 내일을 알 수 없는 침묵이 데칼코마니로 찍혀있다 열여덟의 노을이 글라스에 타오르고 있다 완성되지 않은 침묵이 걸어다닌다 바람에 검은 모래가 흩날린다 타오르는 건 열여덟의 백일몽이다 열여덟의 흔적이다

유등

씨앗 하나

바람에 떠내려와

잎과 열매

다 버리고

계사년

붉은 땀방울 되었네

추억의 미술시간

누구도 암흑의 시월이 올 줄 몰랐지.
수업 종이 울린다.
미술 시간은
그 시절 제일 난처한 시간이었지.
스케치북 없어 교실 뒤편에 통금시간처럼
앉아 있던 미술 시간
선생님은 수업 시작과 동시에 준비물
검사를 했지. 눈 지그시 감고 생각하면
예닐곱 명은 대 뿌리에 손바닥을 갖다 댔지.
선생님은 한쪽 손으로 늘 때렸지.
우리는 원 밖에 있었고 선생님의 한 손은 늘
바지 속에 있었지.
후끈거리는 손으로 짝지와 장난을 쳤지.
주로 육성회비 못 낸 애들
사정없이 없는 돈 가지러 집에 보냈지.
아무도 없는 집
가져올 돈 없는 집에 있다가
미안하고 미안해서 며칠 수업과

헛돌고 있었지. 시월의 호각 소리에
골목으로 뛰어드는 아이들도 교사들도
무기력했지. 준비물과 육성회비 때문에
늘 원밖에 머물렀지. 그래도 아이들은
알고 있었지. 암흑 속 도드라지는 건
군화와 표어라고 당신의 무기력한 손도
늘 원 밖에 있다고
그러기에 아이들은 아무런 반항 없이
미술 시간에 암흑과 원이라는 걸
배웠지. 지금 내 손바닥을
붉게 때리네. 아, 갈까마귀 울음같이
검은 종소리.

비닐봉지

목련은 꽃망울이 솟아도 꽃 피우지 못했다. 몇 해 동안 지켜봐도 똑같았다. 추위로 걱정만 가득 차 있었다. 나는 꽃망울에 커다란 비닐봉지를 덮어 씌었다. 봉지가 이리저리 흔들거리며 거친 숨을 몰아쉬었다. 푸른 불빛처럼 가까스로 꽃이 피었다. 순식간에 꽃잎이 봉지 속에서 녹아내렸다. 꽃 피우는 것도 절개선이 있는 모양이다. 골짜기 오른편은 꽃을 피우고 왼편은 그러지 못한다. 계곡에 검은 비가 내리자 인고의 밤을 지새우던 나의 전생이 보인다. 내 가슴골 좌우로 꽃망울 살짝 돋아나는

다리

운구행렬 지나갔으므로 새 한 마리 날아올랐다
윤슬로 가라앉는 핏빛 장미

동백꽃

바다에 익사한 달이
제 갈 길을 간다

4부

봄

1
길은 무한궤도

내 머리에서 가슴까지 꿈이 여문다
한발 한발 풀밭을 지나 개울을 건넜다
반복 또 반복, 다짐하던 꿈

2
이젠 연기시간
막이 오르고 검은 빗방울이
횡격막에 떨어진다

비와 함께 찾아온 꽃샘추위에
균형감각이 무뎌졌다
늦은 추위에 나는 콩무니 빼보았지만
내 머리는 아픔을 칭칭 감고 있다

3
꿈을 향한 내 갈망은 무한대

아직 내 가슴엔 봄은 오지 않았다
속고 또. 속았다.
소문만 남기고 사라진 봄

네안데르탈 23

노을은 바다의 각질

갈매기 발톱에 내 귀가 쑤욱 자란다 눈알도 자라고 슬픔도 덩달아 자란다 섬의 그림자가 길게 늘어나면 바다는 하얗다 끓어 넘친다 소라 같은 내 귓바퀴가 자란다

갈매기가 할퀸 하얀 포말은
전어의 언어
갯벌의 숨구멍 이야기

바다가 내 귀를 간질이고 있다 구수한 전어 한 접시 올려놓았다 비약이 심한 눈, 갯벌의 대화는 난해하다

숨소리 들린다
슬픔도 자라고 그림자도 자라고 각질도 자란다
어둠을 머금고 커다래지는 하얀 눈알

나는

노을의 암호를 해독하고 있다

계단의 등짝

축하공연이 있는 무대
크고 작고, 작고 크고…
들려왔다
점점 커지는 목소리
바로 내 오른쪽에서 들렸다
중절모를 쓴 노인과
그의 손을 잡은 봉사자
처음엔 몰랐다
어두컴컴한 계단과
노인의 불편한 걸음
크고 작고, 작고 크고
잠이 후다닥 달아난 나는
그녀를 다시 보았다
크고 작고를 되뇌다
나는
초대 가수가 나오기 전
공연장을 빠져나왔다

등대

침묵의 눈빛

무의식이 기호를 남긴 채
서사를 끌고 간다

침묵이란 무엇일까
여백이란 무엇일까

불빛은 시적 수사를 끌고
수사는 삶을 끈다

영산홍

축 처진 꽃잎은
속이 훤히 보이는
비닐 같다

비닐이 바람을
막아주는 좁다란 장소에
할머니 옆에서
동화책 보는 아이

빗방울 떨어지는
좌판에 불그스레한
비닐 옷 펄럭인다

나이 들수록
원색을 입어야
젊어 보인다는
할머니

요즘 홀로 남을
손녀 걱정에
잠이 오질 않는다

몸이 쇠약해지고
벌이가 시원찮은데
비는 내리고
팔지 못한 물건은
쌓여 간다

할머니 스스로
흙으로 돌아가는
꽃대 같다

귀뚜라미

꿈이 바스락대며
어느새 내 눈썹을 스치네

모조 꽃

내 눈을 찌른다
수없는 상처가 흔들, 바람 소리는 꿈 이야기

굴절된 흰빛, 검은빛
누가 생명을 불어넣었을까 내 눈을 찌른다

살아있는 것처럼 그림자가 흔들리고 꽃잎 흔들린다

서로 다른 상처 내 눈을 찌른다

나를 바라보는 검은 장미의 시선이 무겁다
가시에 찔린 백일몽처럼

지리산

내원골에 누워
밤하늘을 바라본다
나는 또렷하게 빛나는
밤하늘의 별을 보고 있다
맑은 물고기가
꼬릴 흔드는 웅덩이처럼
별이 첨벙댄다
헤엄치는 물고기는
쏘가린지
꺽진지 잘 모르겠다
눈을 비벼보며
별을 바라본다
물결 속에 보이는 별은
산사람인지
토벌군인지
구분하기 어렵다

시간의 토굴

시간의 토굴 속에 소설을 쓰는 스님이 있다
가끔 그 스님 곁에 부주지 격인 시인이 있다 원지에서
읍으로 가는 가운데 자리잡고 있는 스님

토굴엔 토벌군의 총구처럼 등불 많이 매달려 있다

난리 때 새고개에 꽂아 둔 깃발을 보고 원지에서 읍으
로 가는 행인들이 고개를 넘을 것인가 말 것인가 판단
했다던 새고개

토벌군이나 산사람이나 긴장된 호흡으로 지나친 이곳
이젠 스님의 불경 소리만 들릴 뿐 깃발 대신
허구에 절은 행간 몇 줄 팔랑거린다

이 구절 넣을 것인가 말 것인가
신안암에 가면 소설 속의 화자이 스님이 기다리고 있
다

이현동

만물 도랑에
책갈피로 꽂혀있던
시어詩魚를
고무신으로 담았지. 도랑이
좁아 보일 때 내 눈은
서부도서관에 오래 머물렀네.
운율과 상징과 수사를
훑다가 고무신처럼
어설픈 시어도 담아보았네.
서부도서관이 있는
이현동의 정경은
아직, 내 눈빛 속에
꽂혀있네.

전생

사과를 깎아 들고
별을 바라보고 있다
내게 달려온 새끼 푸들
내 마음도 모르고
꼬릴 흔들며 짖어댄다
사과 향기에
혀를 날름거리며
내게 매달리는 푸들
나는 더 이상 버티지 못하고
사과 조각을 던져준다
붉은 눈빛의 푸들
별마저 쪼아 먹을 태세다

통신원

바람에 잎이 날린다
새들의 지저귐과
울음소리와 부스럭거리는 소리
이리저리 꽁무니 빼는 협잡꾼
완력으로 누굴 밀치는 소리가 들린다
자꾸 천정으로 치솟는 극락조
내게 소식을 전해주는 이파리
악덕 업주에게 착취당하는
커피농장의 어린애들
내전으로 발목을 잃은 아이
부족한 식수로 애먹고 있는 젊은 엄마들
바람에 소식을 전해온다
내 귓바퀴에 알려주는 극락조
지금도 별은 질주하고
커피는 끓고 있다
착취당하는 아이들

죽방멸치

아침 밥상에 멸치볶음이 올라왔다. 오늘 멸치가 맛있다고 했다. 같은 바다에서 잡은 건데 죽방멸치는 뭣이 다를까 한다. 나는 뭐라고 답해야 재치꾼이 될 수 있을까. 같은 멸치라도 맛 내는 건 손맛이라며 그 손 때문에 맛있게 먹었다고 했다. 비싸지만 또 남해 죽방멸치를 밥상에 올리겠단다. 평소 죽방처럼 막히던 둘의 대화가 순식간에 빵 터졌다. 죽방멸치 때문에 나는 오늘 재치꾼이 되었다.

운동화

놀다가늦게들어오면
어다리축구야축구야.
혀를찼다
명절치레새신발을신고
아이들과공차러나가면
어다리축구야축구야
공부안하고어디가노.
신발닳는다
빨리오라고,했다
그래도그래도,
어다리축구는
운동화를밑천으로
평생밥벌어먹었지요
그럼,어다리축구라던
어무이는
어떤신발을신고
멀리가셨는지요
그래도그래도,

어무이는

명절은 잊지 않고

꼭 찾아오시잖아요

신발처럼

공원

초록빛이 또렷하다. 유모차가 지나가고 운동화가 지나가고 눈 침침한 내가 지팡이 끌고 지나간다. 내 두려운 눈알이 멈칫거린다. 눈시울에 이미 안개가 스쳐 갔다. 삶과 죽음 사이 경적이 울린다.

진주 남강 50번지

나는 남강에서 구름과
은하수를 생각하네
가끔
사라진 친구들과
새로 태어나는 별을
그리기도 했지
남강 빨래터는 빗소리에
수채화처럼 팔랑거렸네
빨랫줄을 붙들고 있던
내가
비에 젖은 시화가 되었지
호랑이 장가가는 날엔
유독 배가 고팠네
양잿물이 끓을수록
불이 디진 국밥
내 호기심은 걸쭉했네
지금도
댓잎에 맺혀 있는

강남동 50번지에
시가 돋아나고 있네

■ □ 시집해설

참된 자기를 찾아가는 시적 정동
_ 박우담의 시세계

구모룡(문학평론가)

1. 은유와 전이의 시학

 박우담 시인은 2004년 등단한 이후에 4권의 시집-『구름 트렁크』(2012), 『시간의 노숙자』(2014), 『설탕의 아이들』(2018), 『계절의 문양』(2020)-을 발간하였다. 시작의 초기부터 그는 외부의 사물과 풍경을 접하면서 한편으로 존재와 삶을 사유하고 다른 한편으로 자아의 내면을 탐구하는 시법을 구사해 왔다. 이는 상실과 우울의 존재가 근원의 아름다움과 참된 자기를 찾아서 의식에서 무의식의 경계를 넘나드는 시적 지향을 의미한다. 이러한 과정에서 은유는 의식의 지평을 확장하고 무의식과 내면의 깊이를 이끄는 주요한 방법이 된다. 소위 '전이'의 시학은 꿈, 풍경, 그림자, 기억, 상처 등을 배회하며 시적 주체를 형성한다. 풍경이 그러하듯 상실과 발견은 박우담의 시에서 부재와 현전의 변증을 지속하게 한다. 이는 시적 자아가 사물과 풍경에 이끌려 지각한 '보이는 것'을 서술하는 데서 그치는 형식이 아니다. 오히려 외부는 교감의 대상만 아니라 내부의 의식에 의하여 발견되어 상실의 간극을 메우는 상징에 가깝다. 그만큼 박우담의 시편은 쉽게 도달하는 서정적 동일화를 비껴가며 동화보다 투사의 방법에 익숙한 한편, 보이지 않는 혹은 볼 수 없는 대상에 대한 여백을 남긴다.

> 침묵의 눈빛
>
> 무의식이 기호를 남긴 채
> 서사를 끌고 간다
>
> 침묵이란 무엇일까
> 여백이란 무엇일까
>
> 불빛은 시적 수사를 끌고
> 수사는 삶을 끈다
>
> _「능대」 선분

 적어도 박우담의 시법이 도달한 경계를 이 시편이 집약하고 있다고 생각한다. 의식과 무의식, 사물과 삶, 외부와 내부가 "침묵"과 "여백"을 남기면서 도달하는 시작의 과정을 말한다. 물론 의식과 무의식의 경계를 표상하는 비유의 반복이나 '강박 관념적 은유'의 되풀이 현상은 피할 수 없으며 내면을 투사하는 이미지를 거듭 포개는 시적 과정을 나타내기도 한다. 하지만 이러한 머뭇거림과 어긋남, 반복과 전진은 가시적인 대상을 넘어서 비가시적인 충동, 관념, 무의식에 가 닿으려는 의지의 지속적인 표출의 과정이라 할 수 있다. 그 지향에서 기억과 상상, 현실과 환상, 의식과 무의식으로 나누어진 듯하고 내면과 외면의 인력으로 분열하는 듯도 한데, 이는 시적 정직함과 성실성을 반영한다. 이러한 과정에서 발생하는 난해성은 시인과 독자가 감수해야 할 과업이다. 초현실의 환상과 리비도의 발산이 공존하는 은유적 전이의 과정이 매끈하긴 힘들다.

> 누가 놀을 던졌을까/블랙홀처럼 빛을 빨아당기는 구멍//점점 빨려드는 빛과 혹한의 동굴을 생각하며 나는 유성우를 기다린다 갯벌에 빠진/슬리퍼 하나, 네안데르탈인의 두려움과 추위까지 구멍에 쑤셔 넣는다//광적인 갈증이/성녀와 창녀를 그려내는 빛과 어둠//인간의 굴욕이었을까/뼈와 벽화와 그림자/비바람은 불어오고 언 돌바닥에 내가 아닌 내가 웅크리고 있다//짐승 같은 동굴엔 검은 피가 묻어 있다 파도가 갈라지고 그사이 길이 왜 생기는지/성녀와 창녀를 바라본다 관능이 별똥별로 내려앉는 포구//화석 인류의 시편들이 떨어지는 갯벌에/검은 비 내린다//텅 빈 동굴 속/나는 지금 시를 쓰고 있다
> _「시간의 포구」 전문

이 시편은 박우담 시인이 그동안 추구해온 시적 지평을 잘 말해준다. 시간과 공간의 관념을 육화하고 시와 인간의 기원을 탐구한 공력이 객관적인 상관물을 얻고 있다. 이 시편은 포구에서 겪은 시적 화자의 경험이 현실을 넘어 기원을 향하고 의식을 지나 무의식에 이르는 경과를 보여준다. 물론 이러한 과정을 가능하게 하는 힘은 은유에서 나온다. 선사인의 동굴 벽화를 상상하는 계기는 갯벌과 바다이다. "빛과 어둠", 에로스와 타나토스가 공존하는 "짐승 같은 동굴"을 상상하는 감각이 돌올하다. 그 기원에서 인간의 욕망은 양가성을 지니며 미지를 향한 의지가 예술과 시를 만든다. 그렇다고 하여 시적 화자가 인간을 낙관하지 않는다. "화석 인류의 시편들이 떨어지는 갯벌에/검은 비 내린다"라는 구절에서 알 수 있듯이 언제든지 도래할 수 있는 붕괴의 감각이 뚜렷하다. 이러한 여러 진술을 경유하면서 이 시편의 결구는 "텅 빈 동굴 속/나는 지금 시를 쓰고 있다"라고 말하는데 시인으로서의 위치 감각이 진지하고 심오하다.

2. 자기 속의 아이

박우담은 사물과 풍경을 단순하게 서술하기보다 그것을 신체의 정동affect으로 표현한다. 이를 도식적으로 말하면 외부와 내부 사이에 몸이 있어서 둘의 가역성을 매개한다고 하겠다. 시편에서 육화된 표현이나 신체의 행위를 나타내는 방식을 보이는 그는, 몸의 시학을 구성하는데, 시학의 궁극적인 지평을 조금 과감하게 말한다면, 참된 자기 찾기의 과정이라고 할 수 있다. 이는 일정한 연속성을 유지하는 가운데 제5 시집에서 반복과 변화를 드러낸다. 우선 2, 3행의 형태로 발화한 단형 시편을 실마리로 삼고자 한다. 이 가운데 「유등」이 각별하다. 같은 표제가 첫 시집에서 등장하여 2 시집과 4 시집에도 나타나며 5 시집에는 세 편이 보인다. 첫 시집의 「유등」은 구체적인 현실을 비추면서 먼 "아무르강"의 기억을 소환하는 낭만적 단절의 감각을 표출하면서 외부의 풍경을 전경화한다. 시적 대상인 '유등'이 그 구체적인 실체를 드러내는 시편은 2 시집의 경우이며 "그러니까, 물결은 남강을 품고/그러니까, 남강은 달빛을 품고/그러니까, 달빛은 유등을 품고/그러니까, 유등은 진주를 품네"(「유등」 전문)라고 진술힌다. 물결-남상-달빛-유능-진주가 서로 품는 관계를 통하여 천상과 지상 그리고 인간의 도시가 하나의 공간 속에 담기면서 시적 화자가 의도하는 위치를 진술한다. 이 시편에서 '진주'는 구체적인 장소이자 보석을 뜻하는 중의법의 대상이다. 시적 화자의 시선이 원근을 따라가다 마침내 시원의 장소로 이끌린다. 3 시집의 「아니무스」는 자신의 시적 원근법을 "원에서 선에서 점으로/나를 잊는 것은 나 자신에게 다가가는 것"이라고 해명하고 있는데 4 시집의 「유등」은 "남강에 꽃무릇이 피었다 바람에 상처 난 붉은 꽃잎이 떠 있다//

조각난 슬픔들"이라는 진술을 얻는다. 더욱 구체적인 은유를 통하여 상처와 슬픔을 투사한다. 이같은 시인의 감각은 다시 「남강 유등」으로 부연하며 "누가 띄웠을까/어릴 적 잠자던 내 입속을 녹이던 별사탕처럼"이라는 구절로 변주하며 "조각난 슬픔"을 넘어 유년의 빛으로 존재하는 "별사탕"을 환기한다. 실제로 '별사탕'의 이미지는 박우담의 시에서 거듭 반복되는 상징으로 시원적인 몸의 기억에 가깝다. 어떤 의미에서 이는 시인에게 가장 오래된 시적 거처이며 동시에 초월의 지평을 여는 상관물로 존재한다. 이번 5 시집에는 세 편의 「유등」이 있다. 그 가운데 하나는 4 시집의 「유등」을 새롭게 조율한다: "남강에 꽃무릇 피었다/바람에 상처 난 붉은 꽃, 조각난 슬픔이". 전자와 달리 단독자의 내적인 의미가 강화되었다. 시적 주체를 향한 지향이 더욱 뚜렷한데 이는 다른 두 편의 「유등」이 잘 대변하고 있다.

A) 목말 타고 있는 아이처럼/울타리 붙들고 있는 붉은 장미
_ 「유등」 전문

B) 씨앗 하나/바람에 떠내려와/잎과 열매/다 버리고/계사년/붉은 땀방울 되었네
_ 「유등」 전문

A)는 "아이"의 순수한 열정을 떠올리고 B)는 육화된 경험의 지평인 노동하는 신체를 부각한다. 상처와 슬픔

과 다르게 전자가 유년의 미분화된 의식을 지향한다면 후자는 건강한 긍정의 세계를 염원한다. 물론 같은 표제를 단 시편인 「유등」 연작을 통하여 시적 지향의 일단을 알 수 있었지만, 실제 이와 같은 단형 형태의 시도는 순간의 미학이나 단순성의 아름다움을 포착하려는 의도와 무연하지 않다. 가령 「수국」은 "서로 몸을 부비며 꽃잎 펼치고 있어요/저 주술의 힘, 보라"라고 진술한다. "보라"는 색채를 뜻하기도 하고 보기를 권하는 청유의 의미도 있다. 이와 같은 언어유희는 무거운 시에서 자기를 풀어놓는 방편이 된다. "바다에 익사한 달이/제 갈 길을 간다"라는 「동백꽃」이나 "꿈이 바스락대며/어느새 내 눈썹을 스치네"라는 「귀뚜라미」, 그리고 "운구행렬 지나갔으므로 새 한 마리 날아올랐다/윤슬로 가라앉는 핏빛 장미"의 「다리」는 시적 감각의 현시(혹은 시인이 참여하고 있는 디카시 운동의 감수성)에 적합하다. 반면 「입맞춤」과 같은 단형시는 "시간은 회랑을 타고 달아났다/간짓대에 걸린 아이의 연처럼/기다란 꼬리를 남기고"라는 본문을 통하여 제목과의 연상을 유도하는 여운을 남긴다. 또한 「시월」("너는 오목거울 속에 문장 없는 무의식을 연거푸 비운다. 프라이팬에 담긴 은행알 바닥으로 쏟아진다. 길이 흥건하다. 어린애의 철없는 눈빛 거울 속에 보인다.")은 보다 복합적인 의미 맥락을 내포한다. 한편으로 표제인 '시월'을 의도하였으나 "오목거울", "무의식", "은행알", "어린애의 철없는 눈빛" 등의 이미지 연쇄가 형성하는 의미가 가볍지 않다. "거울"에 비친 일그러진 표정을 건너서 보이지 않고 말해지지 않는 "문장 없는 무의식"을 건져내려는 의향이 있다. 단형시이지만 「시월」은 박우담의 시적 특성을 집약한다. 그런데 「입맞춤」에도 등장하듯이 A)의 "아이"는 그의 시에서 중요한 맥락을 지니는 이미지로 보인다. 가령 또 다른 단형 시편인 「장마」는 "빛나는/아이의 눈을 보라/무엇을 밝힐/우린 전류가 흐르는/혈통인가 봐"라고 진술한다. 지리한 장마의 우울한 풍경을 걷어낼 대상으로 "빛나는/아이의 눈"을 소환하고 있다. 여기서 "아이"는 이미 아는 기억 속의 대상일 수도 있고 아직 알 수 없는 대상일 수도 있다. 자기 속에 존재하는 "아이"는 추억의 대상이라는 점에서 기지이자 미지이다.

우리는 마당에 둘러앉아/찻잔에 담긴 별의별 이야기/듣고 있네 계절 숙제를 꺼내놓고/한 아이가 부리처럼 입을 삐쭉거리네/직박구리 해마다 찾아오는/너른마당은 지붕 없는 교실/아이들이 시끌벅적 뛰어다니네/"이거리 저거리 각거리"/아이 하나 들어오고/또 다른 아이 하나 들어오네/이슬과 안개가 만들어놓은 옹달샘/물소리에 소년가장의 길을 우려내고 있는/아이/별빛을 쪼면서 허기를 채우네/회남재 너른마당에 찻물 끓으면/어디선가 선생의/방울 소리 들리는 듯하네/샘터 서성이던 내가 할 수 있는 건/옹알이뿐 나는 나를 찾아/길을 헤매고 있지/"이거리 저거리 각거리"/아이 하나 사라지고/또 다른 아이 하나 사라지네/너른마당에/책장 넘기는 소리 들리자/한 아이의 눈시울이/불그스레하네 축축한 샛별이/예고 없이 야생의 길을 나서네

_「너른마당에서 차를 마시다」 전문

 이 시편의 정황은 "회남재 너른마당"이라는 구체적인 장소에서 이뤄지는 사람들의 모임이다. 시 속의 화자 또한 그 일원으로 "별의별 이야기"를 듣는 가운데 "아이들"에게 시선이 이끌린다. 그런데 여기서 아이들이 뛰어노는 현실은 "이슬과 안개가 만들어놓은 옹달샘"을 거치면서 회상으로 전환한다. 먼 기억 속에서 "소년가장의 길"을 걸으며 "별빛을 쪼면서 허기를" 채우는 "아이"를 떠올리며 또한 남명 선생을 상기한다. 그리고 이 시편에서 가장 중요한 맥락을 지니는 지점에서 시적 화자는 "샘터 서성이던 내가 할 수 있는 건/옹알이뿐 나는 나를 찾아/길을 헤매고 있지"라고 진술한다. "옹달샘"의 "아이"와 "선생의 방울 소리"는 시적 화자에게 몸의 기억이자 정신의 지표로 받아들여진다. 결구에 등장하는 "한 아이"의 눈물과 "샛별"이 그려내는 "야생의 길"이 지향하는 의미가 예사롭지 않다. 적어도 두 가지의 지향이 서로 만나 시적 지평을 형성하고 있음을 알 수 있다. 그 하나는 내면의 "아이"이고 다른 하나는 남명 선생과 같은 대타자의 존재이다. 이 둘이 어울려 별빛을 이루고 '야생의 길'을 형성한다. 이는 앞에서 말한 대로 박우담의 시에서 반복하여 등장하는 강박 관념적 은유의 하나인 "별사탕"에 상응한다.

시간의 웅덩이에 빠진 축구공을/나는 바라보네/꿈속에서 빨아먹다 흘린/별사탕과 함께/아이들의 얼굴은/별처럼 일그러졌네/풀벌레가 축구공을 갉아 먹자/아이들은 그냥/꿈길에 털썩 주저앉네/늦은 밤 창틀 앞에 선 신발처럼/흙탕물이 훑고 간 축구공을/꼭 껴안고 있네/나는 웅덩이를 서성대는/아이들을 바라보며 벽지에 박힌/은하수를 생각하네/반지하 창을 넘나들다/어디로 흘러가는지 어둠 속/헤어졌다 뭉치는 신발들/아이의 덧댄 잠을 깨운/어제 바스락거리던 별은/보이질 않고 한 아이가/갈색 풀벌레 울음과/물에 비친 창을 기웃거리고/있네 밤 가장자리처럼/축축한 발걸음이 반음 낮게 들리는/골방/아이들은 지상으로 솟아오르는/꿈을 발등으로 포개고 있지/웅덩이를 바라보던 아이/밤하늘의 별로 솟구쳐 오르네/축구공과 함께

_「은하수 별사탕」 전문

 시인은 보는 이이지만, 그는 몸으로 지각하고 몸으로 욕망하는 존재이다. 표제인 '은하수 별사탕'은 몸의 내부이자 외부이다. 달콤하게 스며든 맛은 꿈속 밤하늘의 별로 이어진다. 사탕의 단맛과 별의 형상이 이미지의 병치로 나타나는데 이는 단순한 시적 제재에 그치지 않으며 시인의 의식과 무의식의 지평과 연관한다. 인용한「은하수 별사탕」은 크게 세 부분으로 구성된다. 처음은 "시간의 웅덩이에 빠진 축구공을" 바라보는 시적 화자의 등장이다. 다음 중간은 축구공을 찾는 아이들의 이야기이다. 이 이야기에서 시적 화자인 '나'는 아이들의 관찰자이자 동시에 자기 안의 아이가 되어 추억의 공간으로 이

동한다. 중간에서 말하듯이 유년의 추억에는 상실과 꿈이 공존한다. 기원의 합치가 상실로 인하여 불합치를 형성하며 나아가서 이를 극복하는 꿈을 가능하게 한다. 마치 낭만주의의 삼박자처럼 기원의 동일성, 동일성 상실, 동일성 회복의 구조를 지니는데 이와 같은 형국이 시적 변증법과 다르지 않다. 하지만 이 시편을 이러한 일반론으로 환원하는 일은 그리 중요하지 않다. 무엇보다 시적 화자가 말하는 유년의 의식 형태를 주목하지 않을 수 없다. 앞서 언급한 「너른마당에서 차를 마시다」의 아이와 마찬가지로 박우담의 시편에 등장하는 유년의 상실에는 상처의 기억이 존재한다. 의식이든 무의식이든 상실과 상처는 재귀적 반복의 형식으로 시인의 시세계에 지속의 물줄기를 형성하며 '별사탕'은 유년의 양가성을 집약하는 상징으로 도약한다. 이처럼 처음과 중간을 경유하여 인용한 시편은 결구에 이르러 놀라운 비상을 보여준다. "웅덩이를 바라보던 아이/밤하늘의 별로 솟구쳐 오르네/축구공과 함께". 상실의 회복이자 새로운 존재의 개진이다. 가장 낮은 데서 공감하고 함께 하는 마음이 만들어내는 생성의 지평이다. "웅덩이", "반지하", "골방"에서 건져 올린 시의 별빛이다.

박우담 시인이 견지한 자기 속의 아이는 가장 순수한 세계를 의미하는 시적 원형에 가깝다. 가령 「통신원」의 시적 화자는 커피를 끓이면서 "악덕 업주에게 착취당하는/커피농장의 어린애들"을 생각한다. "지금도 별들은 질주하고/커피는 끓고 있다/착취당하는 아이들"이라는 결구의 진술이 말하듯이 시적 화자는 일상의 행위에서도 시적 진실의 효용을 생각한다. 또한 「무언극」은 아이의 순진무구함이 추락하는 현실을 방관하는 세계의 실상을 알레고리로 표현하고 있다. 마찬가지로 「시간」이 말하듯이 "암흑의 시월"에 그 "호각 소리"의 권력으로 "아이들과 교사들도/무기력했던" "갈까마귀 울음 같은/검은 종소리가" 지배하던 시절의 추억도 있지만, 세계에 의하여 훼손되기 이전의 순금 같은 기억은 "영원히 순간적인 웃음"(「폐교」에서)으로 상실의 시간을 견디는 지속의 가치로 존속한다.

> 나는 초원에 누워/아이들과 피리를 부네.//구름은 별사탕처럼/돌돌 말리고//아이들의 입술이/웅덩이에 비치네.//별사탕이 입술에/살짝 묻어 있는 밤//나는 풀밭에 누워/시링크스를 생각하네.//별똥별이 떨어지자//한 아이가 낙타를 타고/은하수를 건너가네.//내 가슴엔 아이의 울음이/은하수처럼 총총 박혀 있네//나는 피리를 불며/길 떠난 아이의 이름을 부르네/초원에 반인반양의 아이가/태어나고 죽어가고//판의 아버지도 태어나고 죽어가네.//낙타를 탄 아이가/날 보고 손짓하며 사라지네.
>
> _「초원의 별」 전문

시링크스와 판의 신화를 변용한 이 시편에서 주된 흐름은 '나'와 '아이'의 관계이다. 이는 3 시집의 「시링크스」가 판의 입장이 된 시적 화자가 시링크스에 대한 사랑을 재해석한 사실과 비교된다. 「시링크스」는 3 시집의 또 다른 시편인 「오이디푸스의 숲」과 겹쳐 읽힐 수 있는데 남성 중심 혹은 아버지의 권력을 어느 정도 비판하고 있다고 하겠다. 이러한 신화적 상상력의 연장선에서 인용한 「별」을 읽으면 어떨까? 화자는 "아이들과 피리를" 불면서 "시링크스의 별을 생각"한다. 판이나 "판의 아버지"가 "아이의 울음"을 만들었다면 화자인 '나'는 "가슴에/아이의 울음 같은/은하수가 총총 박혀" 있다고 느낀다. 그리고 '나'는 "길 떠난 아이의 이름을" 부르고 "물 찾아 헤매는/낙타 같은 아이"를 만난다. "초원에 별똥별이/떨어지고/또 한 아이가/피리를 흔들며/사라지는 밤이네"라는 결구에서 "또 한 아이"를 화자의 분신으로 보아도 무방하리라 생각한다. 이처럼 「별」은 신화적 폭력을 기슬리 순결한 꿈을 그리면서 시원의 물길을 갈망한다. 「이타카」 또한 "오디세이"의 귀향을 "아이들의 몽상"으로 바꾸어 놓는 반反 오이디푸스적 상상력을 표출하고 있다.

3. 참된 자기의 시적 구경

아이, 시원, 유년, 고향 등을 지향하는 의식은 시인에게 있어 시인됨의 존재 증명이자 참된 삶과 자기를 찾아가는 구경究竟이 된다. 추억은 자기를 돌아보는 의식이

지만 반성 행위 자체는 본원적 경험을 넘어 새로운 가능성을 발견하는 과정을 내포한다. 그러니까 시는 이러한 과정에서 생성한다. 박우담은 자신의 과정 시학의 장소가 고향에 있음을 「남강」을 통하여 각명하게 제시한다. "강변에 비 내린다/지붕에 떨어지는 시어"로 시작하는 이 시편은 "빗소리에 댓잎이 살며시 문장으로/앉아 있는 곳/떨어지는 잠 부스러기 밟으며/놀던 강변/지금도 내 가슴엔 시가 흐르고 있다"라고 끝을 맺는다. 그의 시가 장소에 훈습하고 있음을 말해준다. 당연히 「네안데르탈 22」처럼 AI 목소리를 내는 가상의 현실에 대하여 비판하며 역사적 기억을 되새긴다.

> 함성에 석류알 터졌다/남강에 걸쳐놓은 하얀 빨래/파편에 불그스레하다/죽창 들고 뛰쳐나간 사내의 꿈이/강을 스치고 간 수많은 장딴지가/별빛으로 물들었다/계사년 석류알/강 건너 대숲으로/성 밖으로 날아간 산비둘기처럼/꿈길을 헤매고 있다/발뒤꿈치를 들고/별을 좇아간 사내 신화가 되었지/밤하늘의 모래로 박혀 있는 석류알/이젠 함성과 죽창은 사라졌지만/석류는/별이 되어 강물에 떠 있다
>
> _「석류」전문

 남강과 유등 그리고 촉석루의 연쇄를 시편으로 형상화하였다. "계사년", 1593년 제2차 진주성전투를 소환하면서 민중의 희생을 붉은 "석류알"로 비유하며 이것이 오늘날 축제에 자리한 유등임을 알기 어렵지 않다. 은

근히 '촉석루'를 연상하게 하는 언어유희를 감행한 까닭도 역사적 기억의 무게를 오늘의 빛나는 자부로 바꾸어 그리려 한 데서 비롯한다. 나이가 들어 "허방"이 생기면서 "뒷굽이 바깥쪽으로 약간씩 닳은 아버지의 구두"(「아지랑이」에서)를 떠올리거나 "베신"을 매개로 "어다리축구라던/어무이"(「베신」에서)를 회상하는 일도 가족의 깊은 사연이고 시를 공부한 "서부도서관"(「이현동」에서)이나 시원의 부름과 동행을 유인하는 "입곡 유원지"(「입곡 유원지」)의 표정도 웅숭깊은 장소이다. 남강은 물론이고 지리산(「지리산」, 「지리산 산죽」)에 이르는 시인의 장소 사랑은 단지 사라진 것에 대한 향수가 아니라 그것이 오늘의 삶을 비추는 거울이기 때문에 이루어진다. 그러나 시인은 서정적 안정과 화해和諧를 지속하지 않는다. 시인에게 "길은 무한궤도"이고 "갈망은 무한대"(「봄」에서)이어서 참된 기기를 찾이 끝없이 방황할 수밖에 없기 때문이다.

자작나무 숲을 걷고 있네/아직 썰매 자국이 남아 있는 눈길/누가 빚었을까/무지갯빛으로 물든 내 마음/기도 소리 울려 퍼지고/질문이 질문을 낳는 길/나 홀로 색색의 천을 쌓고 있네/내 눈썹을 만지듯/함박눈 날리네/어디로 갈 것인가/길이 내게 질문을 하네/앞서간 발자국은/내 속눈썹에 매달려 있네/꿈이 길을 만들고 눈썰매는/새벽을 당기네/누구도 자신의 꿈에/마음대로 들어가지 못하지/개 짖는 소리에/색색의 천이 나부끼네/속눈썹 사이로 풀어지는 꿈/게르에 장작불이 타오르네/길은 늘/내 날개뼈 사이에

있네/가까우면서 멀기만 한 길

_「네안데르탈 19」 전문

과연 "꿈길"밖에 길이 없는 것일까? 꿈길조차 "가까우면서 멀기만 한 길"임에 틀림이 없다. "누구도 자신의 꿈에/마음대로 들어가지 못하지"라고 진술하지만 "게르"에 당도하는 「꿈길」은 아름다운 시편이다. 하지만 「이명」의 처음은 "기괴한 소음에 나는 결박되었다"라고 말하고 그 후반에서 "난해하고 뒤틀린 이명에 관해 나는 생각한다 꿈길밖에 길이 없다"라고 진술하지만 결국 "나는/무덤 속 수의처럼 결박된 나를 보았다"라고 존재의 조건을 고백한다. 그만큼 시인은 실존과 세계내존재의 상황을 진실하게 수용한다. 자아와 세계 가운데 어느 한쪽도 시적 동일성을 허용하지 않는 게 사실이다. 먼저 시인이 지각하는 세계상을 보자. 「강아지풀」과 「철학자 반쏘」와 「구름 교실」이 알레고리와 풍자를 섞어 말하고 있듯이 정치와 종교와 교육 등 어느 영역도 훼손되거나 타락하지 않는 데 없다. 이와 같은 시인의 회의주의는 자아를 응시하는 배회를 거듭하게 한다. 「꿈길」과 「이명」이 보여주는 역설은 낮의 "백일봉"(「모소 꽃」에서)이든 밤의 꿈이든 그 어느 경우도 존재를 방해放解하는 길이 되지 못한다는 사실이다. 이는 「층층나무」가 진술하고 있는 정황과 흡사하다: "능청스러운 매미, 고층 외벽에 붙어 울고 있네. 간밤에 잃어버린 별을 찾고 있네. 오르다 실의에 빠진 내 소묘 같네. 곧 떠날 것처럼 구애의 소리 애절하네. 별이 부스럭거리네. 중력을 붙들고 있는 내 귀엔 늘 풀벌레 소리 들리지. 나는 히스테리의 층계에 갇혀 있네." 마지막 결구가 전하는 반향이 크다. 「공원」에서 시적 화자는 "초록빛"에서 "삶과 죽음 사이 경적"을 생각한다. 그만큼 현존재를 무겁게 사유한다.

> 자벌레는 토막 난 끈처럼 끝과 끝을 서로 연결하는 형광펜이다//자벌레는 가보지 못한 길을 간다 그 끝엔 무엇이 있을까 샛별이 있을까 아니면 유성우의 극적인 반전이 있을까// 어둠이 어둠을 묶고/꿈이 꿈을 묶는다//나방 한 마리 날아오른다
>
> _「자벌레의 변신」 전문

 은유의 중층은 박우담 시인의 시법에서 주요한 특징이다. 의미를 전이하면서 지평을 확장한다. 이 시편에서 "형광펜", "나방 한 마리", "무거운 꿈"은 서로 차이를 지니면서 의미의 내포적 연쇄를 이루는데 마침내 표제와 결부되어 그 의미의 맥락을 완성한다. "자벌레"의 생태처럼 미지의 길을 가는 꿈의 행보는 무겁다. 어떤 희망과 반전과 결말을 상상할 수 없는 게 존재의 현실이다. 시인은 세계에 대한 회의주의에 상응하는 만큼 자기에 대한 인식이 진실하다. 그 어떤 회피나 도금한 희망을 말하지 않는다. 오히려 무겁고 검은 꿈의 아이러니를

진지하게 받아들인다. 「고시원」이 말하듯이 슬픔과 폐허와 소멸의 감각이 두드러진다. 물론 박우담의 시가 존재의 무거움만 지향하진 않는다. 「낙태」 시편의 "푸른 사탕이 가슴을 세게 때리네. 비가 오면 가끔 첫사랑을 복기하지요. 묵은 꿈이 녹아 흘러요."라는 진술처럼 무거움을 가볍게 말하는 방법을 선택하기도 한다. 이는 「식물성 히스테리」나 「흰장미」에서 봄을 양가성이나 그로테스크로 표현하는 방법으로도 나타난다. 초록에서 기쁨만 보지 않고 슬픔을 보며 생성과 더불어 거세를 인식한다. 그만큼 존재를 지배하는 정동이 상실과 우울로 더 기울 수 있다는 생각이다. "어제 꾸다가 남은 꿈처럼/어둠에 더욱 진해지는 향처럼/가시에 찔린 구멍처럼"(「렌즈」에서) 현존은 탈존 사이에서 서성인다. "너무나도 추상적인"(「파스텔톤의 고양이」에서) 활자와 문장의 세계를 넘어서 가장 구체적이고 직접적인 몸의 정동에 이르고자 한다.

사슴벌레 한 마리/자기 먹이만 한/붉은 화두 하나 던지고/나무 속으로 몸을 숨긴다//나는 서걱이는 불립문자를/알이든지 못하고/멍하게 나무 틈새만 보고 있다//알을 슬고 나무를 갉아 만든/이끼와 낙엽/안개가 숲을 심겼으므로/나무도 창을 닫았다//사슴벌레도 나도 함께/안개 속으로 사라졌다 얼굴을/빼꼼 내미는 숲/사슴벌레가 안개를 부르는 걸까//창을 빠져나온 내 배가/만삭이다/일렁거리는 꽃잎을/가슴에 담으려 해도/얕은 사색으론 힘든 일이어서/배만 불렀다//임신중독증에 걸린 나는/까칠한 입술로/노

을 한 모금 베어 마신다

_「사슴벌레」 전문

 이 아름다운 시편은 박우담의 주된 시적 경향을 다소 벗어나 대상과 시적 자아의 화해를 견지한다. 생동하는 사물이 이끄는 활력에 몸이 교응하는 방식이다. 이러한 방식은「네안데르탈 21」에서 "단풍잎"과 "별사탕"을 연결하는 이미지의 연쇄로 나타나기도 하였다. "길바닥에 숨은 새끼의 울림을/콧등으로 느끼며 아래로 걷고" 있는 노루를 통하여 "나는 행간 속에/사탕가루를 보며/앓고 있는 별을 생각한다." 이처럼 외부의 생명과 동화하는 주체에 대한 인식이 하나의 지평이 되었다. 인용한 「사슴벌레」는 모든 사물이 행위자가 되어 서로 연결되어 있다는 "화두"를 던지고 있다. 은유의 전이를 보다 확장하여 객체를 지향하고 서로 연동하는 관계의 지평을 구상하는 대목이다. 생명의 잠재력에 기댄 무위의 가능성을 생각하게 하는데 "얕은 사색으론 힘든 일"이라는 시적 화자의 진솔한 제안이 큰 기대를 남긴다. 그만큼 시인은 참된 자기를 찾아가는 시적 구경을 놓치지 않고 있다.